सोनाशा

सोनाशा

बिट्टु सफ़ीना संधू

रेखांकन
इमरोज़

राजकमल प्रकाशन

ISBN : 978-81-19028-16-0

मूल्य : ₹499

पहला संस्करण : 2023

प्रकाशक : राजकमल प्रकाशन प्रा.लि.
1-बी, नेताजी सुभाष मार्ग, दरियागंज
नई दिल्ली-110 002

शाखाएँ : अशोक राजपथ, साइंस कॉलेज के सामने, पटना-800 006
पहली मंज़िल, दरबारी बिल्डिंग, महात्मा गांधी मार्ग, प्रयागराज-211 001
वेबसाइट : www.rajkamalprakashan.com
ई-मेल : info@rajkamalprakashan.com

मुद्रक : बी.के. ऑफसेट
नवीन शाहदरा, दिल्ली-110 032

SONASHA
Poems by Bittu Safeena Sandhu

दोस्तों के नाम जिन्होंने
इस शदीद मुश्किल की घड़ी में
मेरा हाथ थामे रखा

सोनाशा

हीर दे सुभा वरगी
हीरे दे भाअ वरगी
वीरे दे चाअ वरगी
खीरे दी शफा वरगी
फकीर दी सलाम जिही
'साहिर' दे कलाम जिही
ऊचे सुच्चे नाम जिही
इक गुमनाम जिही
सोनाशा नू
प्यार ते दुआओ नाल

—मनजीत मान
—गुरदास मान

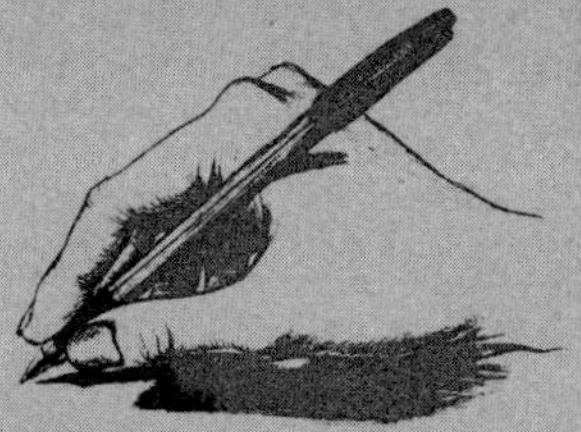

मेरी बात

आज भरे मन से अपनी बात करने जा रही हूँ। कई बरसों के बाद एक दहाके से भी ऊपर हो गया है शायद आप सोच रहे होगे कि सफ़ीना कहाँ चली गई। क्या बताऊँ जिस सफ़ीना को आप सब ने दुआओं के साथ पानी में उतारा था वो पिछले कई बरसों से बीच मझधार हिचकोले खा रही है दिशा ही नहीं मिल रही।

सोनाशा 2017 से तैयार है, यूँ कहिए कि मेरे ज़िगर का टुकड़ा नहीं मेरा ज़िगर मेरा बेटा करन इस को आप तक लाने वाला था मगर तकदीर को ये मंजूर न हुआ। मेरा बेटा मुझसे बिछुड़ गया शायद खुदा को उसकी ज़्यादा ज़रूरत थी। मैं बेबस मूक दर्शक बनी देखती रह गई। और वो मेरे हाथों से रेत की मानिंद फिसल गया और मैं हाथ मलती रह गई। एक रात वो सोया मगर उस रात की सुबह न हुई। मैं बिलकुल टूट गई बिखर के रह गई। मेरे आशियाने के तिनके ऐसे बिखरे कि सिमटने का नाम ही नहीं ले रहे। मेरे परिवार ने मेरे दोस्तो ने सबने साथ दिया, दे रहे हैं।

मन में आया आप सबको भी साथ ले लूँ तो सोचा जिस सोनाशा को छह बरस पहले आप तक आना था उसे अब आप तक पहुँचा दूँ।

करन न जाने किस जहाँ में इतना मसरूफ़ हो गया और उसके बिना मेरी ज़िन्दगी जैसे बिलकुल मौन हो गई। मैं और

ज़िन्दगी दोनों करन को ढूँढ़ने लगे और सोनाशा हाथ आ गई और जैसे मुझसे सवाल करने लगी, ये कविताएँ तो पाठकों के लिए है इन्हें उन तक पहुँचाना तुम्हारा फर्ज़ है, तो बस हाजिर है 'सोनाशा' आप सबके लिए। पुरज़ोर कोशिश करूँगी कि मौजूदा हालात में भी कुछ लिख सकूँ, इसके अलावा चारा भी क्या है। इस जद्दोजहद में रजी मेरा बराबर साथ दे रही है।

यही सोचकर अब लिखने बैठूँगी शायद मुझे इसी से राहत मिले ये दु:ख किसी भी माँ के लिए असहनीय और अकहनीय है। आपकी दुआओं की सख़्त ज़रूरत है। प्यार और दुआओं सहित ख़ुदा खैर करे।

—बिट्टु सफ़ीना

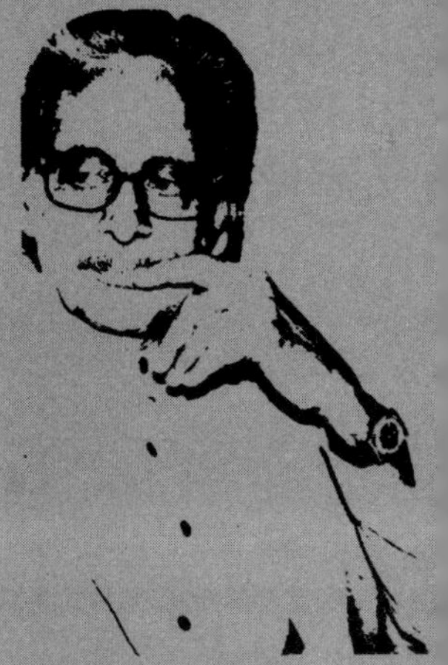

ओ जदी वी मिलदी है
कहदी है
मेरे फुल
मेरा जी करदा है
मेरे हत्थां विच कोई बाग
आ जाए—
मैं उसदे हथ वी फुलां नाल भर देआँ
ते उसदे प्यारे चाअ वी
ओ आपणे आप विच 'सोनाशा' है

—इमरोज़

क्रम

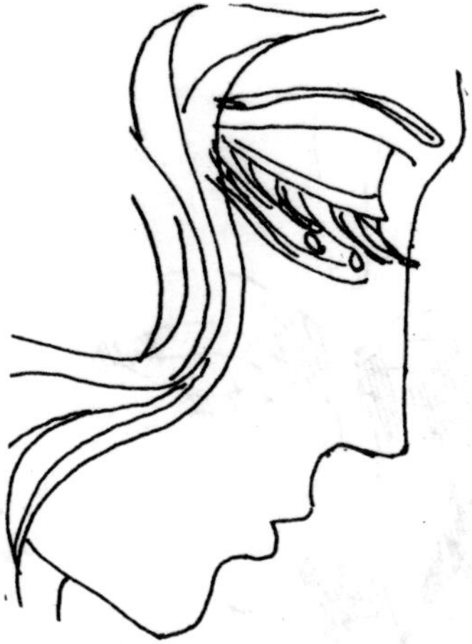

सोनाशा

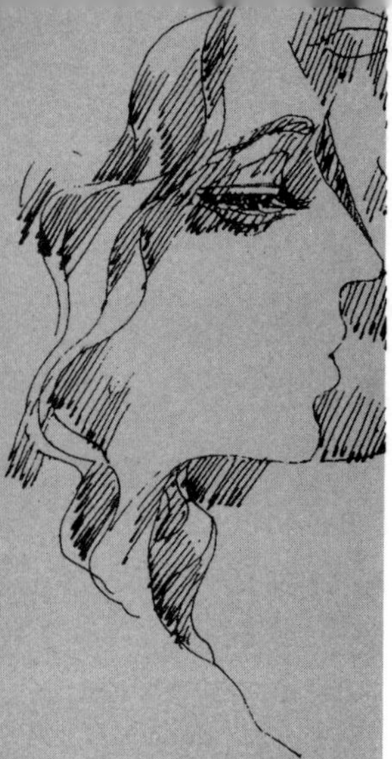

चाहत

जिसको चाहता है उसे नवाज़ता है।
क्या तू भी इंसानों की तरह चाहत बाँटता है?
क्या होगा उनका जो हकदार तो है, तेरी चाहत नहीं
क्या उन्हें दर्द से मिलेगी राहत नहीं?
तू भी तो सह एक बार चाहत न मिलने का गम
हो जाने दे एक बार तेरी भी आँखें नम
फिर देखना हो जाएगी कायनात ख़ूबसूरत
हर बन्दे में नज़र आएगी सिर्फ़ तेरी सूरत।

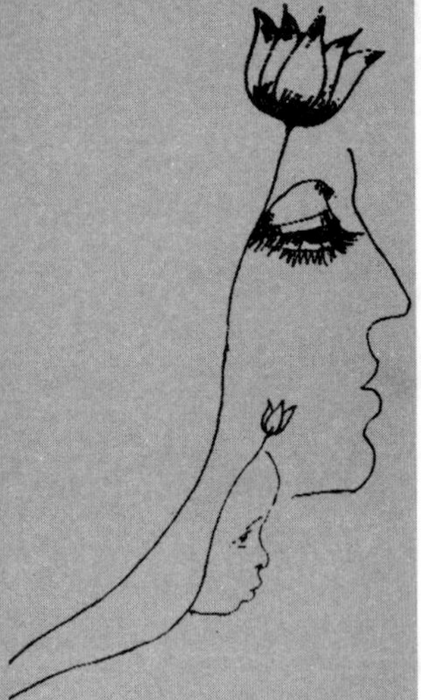

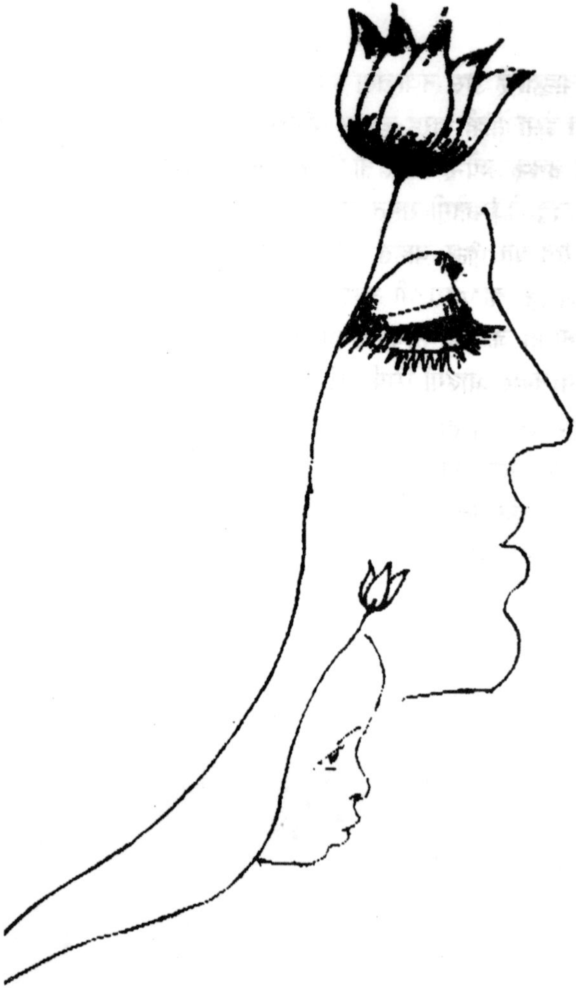

तलाश

प्यार की तकदीर अज़ल से बांझ
कैसे फले यहाँ कोई भी सांझ
पराये को हमने अपना बनाया
रात जागी दिन में बहलाया
कभी लोरी कभी गीत गुनगुनाया
ख़ुदा गवाह है हर पल हर करम शिद्दत से निभाया
मगर जवाँ होते ही वही मसला फिर सामने आया
किसने हमें जना और तुमने क्यों अपनाया
और अगर यहीं था तो मैं ही तुम्हें क्यों भाया
मेरा कोई भी करम उसे याद नहीं आया
किसी अपने की तलाश में वो गया
आज तक लौट के नहीं आया।

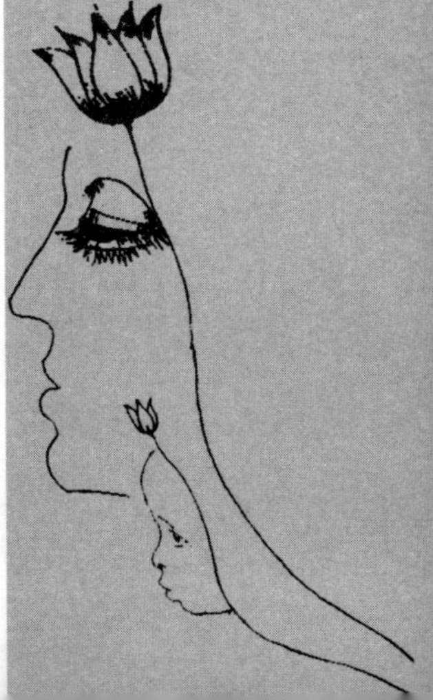

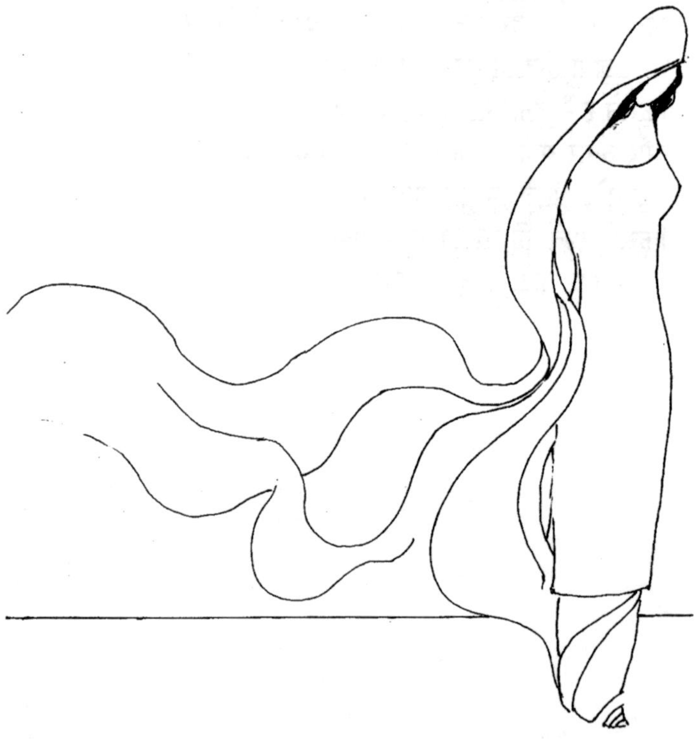

समय

सूरज के ढलने का वक्त
अन्देशा था चलने का वक्त

न जाने किसने डाली है अर्जी
ख़ुदा ने भी बदल डाली अपनी मर्जी

ढलता सूरज चढ़ते की तरह चमक रहा था
न जाने किसके तेज से यूँ दमक रहा था

न सुर्ख लाल था अजीब सा हाल था
मद्धम सी चाल में मुड़ मुड़ के देखता था
समय को रोकना चाहता है शायद

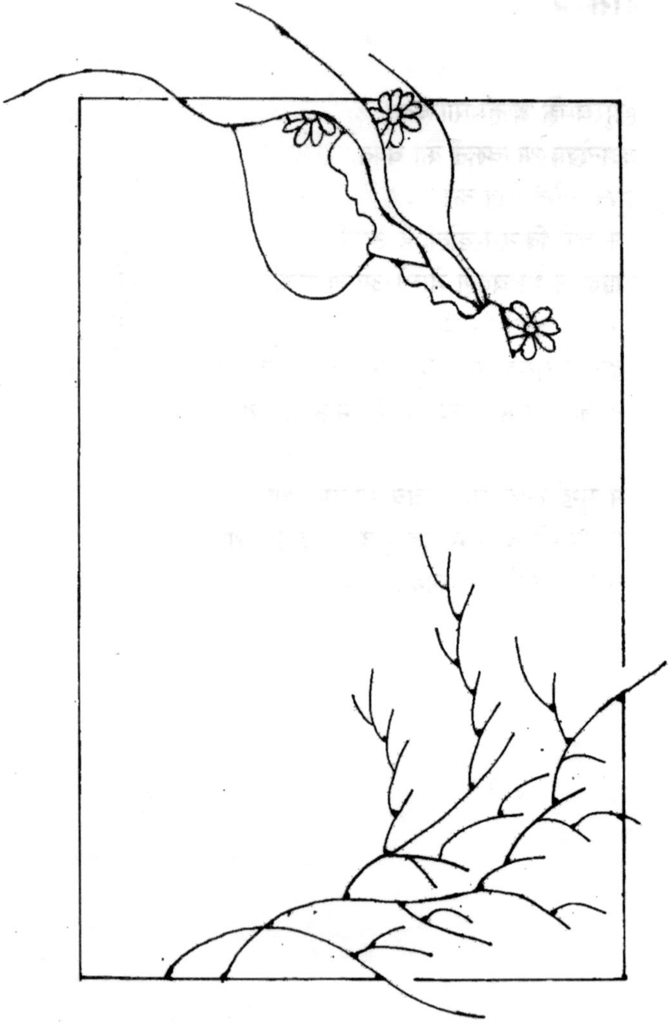

रात

हम समझे थे हमारा यार बड़ा दाना होगा
क्या खबर थी मर्ज़ी से आएगा मर्ज़ी से रवाना होगा
सुर्ख आँखें देख कर पूछा किसी ने मुस्कुरा के बोली
रात भर सो न सकी
लाख चाह कर भी ये कह न सकी रात
रोने की ख़्वाहिश थी मगर रो न सकी।

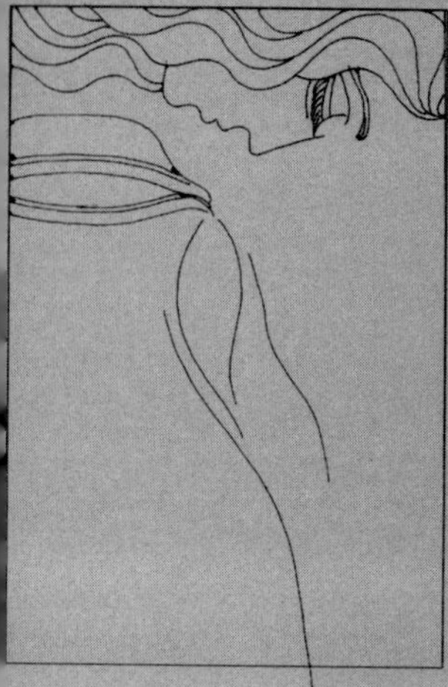

ख़्वाब

प्यार करते हो तो जताते क्यों हो
रह नहीं सकते हमारे बिन तो सताते क्यों हो

छोड़ जाते हो हर बात को अधूरा
यूँ ही जाना है तो बार बार आते क्यों हो

बातें करते हो साथ देने की जन्मों तलक
कदमों के फासलो से घबराते क्यों हो

हाथ रखोगे जमीं पर पाँव में जो छाले होंगे
फिर हाथ बढ़ाने से यूँ कतराते क्यों हो

जब हौंसला रखते नहीं जिगर में कुछ करने का
तो फिर हमारे सामने इतना इतराते क्यों हो

जाओ ख़ुश रहो आबाद रहो अपनी दुनिया में
जो बात होनी ही नहीं वो ख़्वाब दिखते क्यों हो।

सहेली

खाब देखा था बचपन में आज तक समझ नहीं पाई
ताबीर तक नहीं पहुँचा बीच में है न जाने कैसी खाई
जी चाहता है खाब ही चुरा लूँ, खाब में ही सही
तेरे साथ कुछ पल बिता लूँ, कमबख़्त नींद ही नहीं आती
दिन गुज़र जाता है, मगर रात नहीं कटती
जिस्म थक जाता है, मगर रूह हमेशा भटकती
कब आएगा चैन और करार सवाल उठता है ज़हन में बार बार
मैं अपने खाबों का क्या करूँ कौन से दिन में बुनू और
किस रात को पलकों से चुनू, दिन भर जूझती हूँ
लड़ती हूँ अपने आप से, न जाने कब निजात मिलेगी मुझे
तन्हाई के इस श्राप से, घिरी रहती हूँ लोगों से
अन्दर से अकेली हूँ सीधी सी लगती हूँ सरल बातें करती हूँ
कोई नहीं जानता कि मैं ख़ुद इक उलझी पहेली हूँ
ख़ुद से ख़फा रहती हूँ पर सब की सहेली हूँ

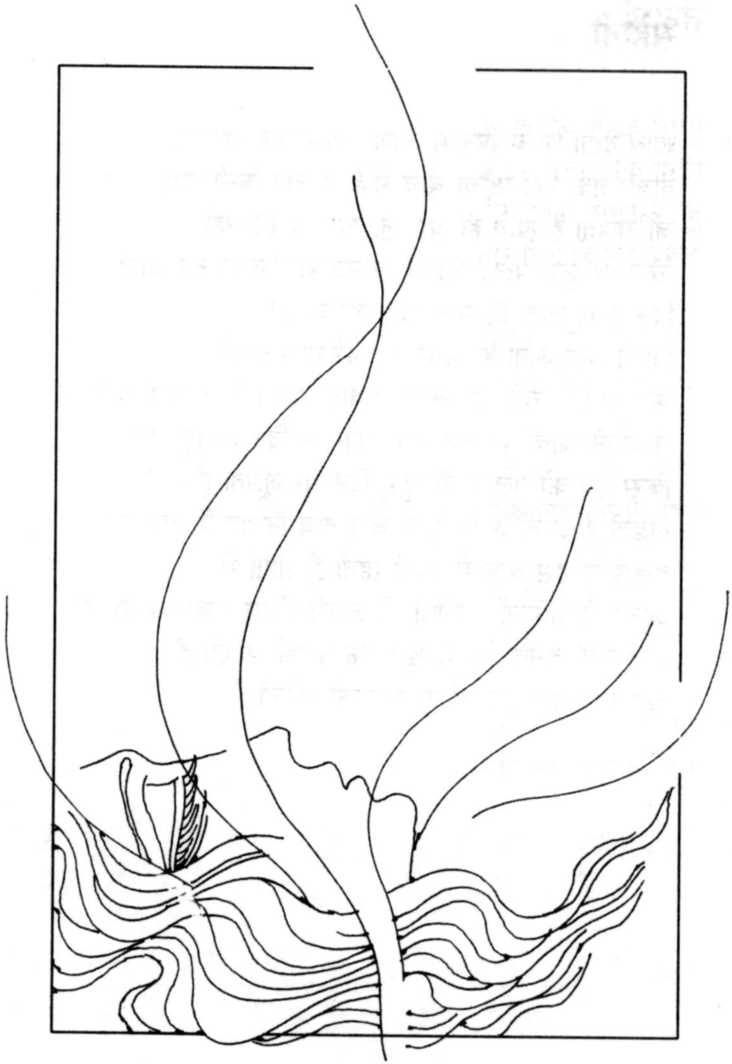

तन्हाई

तुमसे कहने को जी चाहता है
जिया की बात।
तुम आओगे कल, सुना है
कब खत्म होगी ये रात?

कैसे रोके उस वक्त मन के बहाव को कोई
उस लम्हें कहाँ टकराए जा के सर को कोई

मुद्दतों बाद कभी वो लम्हा आता है
जहाँ जी की बात कहने को जी चाहता है

उस लम्हे को बाँध नहीं सकता कोई
लम्हें गुज़र जाते हैं तकदीर खड़ी खड़ी रोई

कम नसीबी का करेगा क्या कोई
कहाँ ले जाएँ उस लम्हे को ख़ुद में समेटकर कोई।

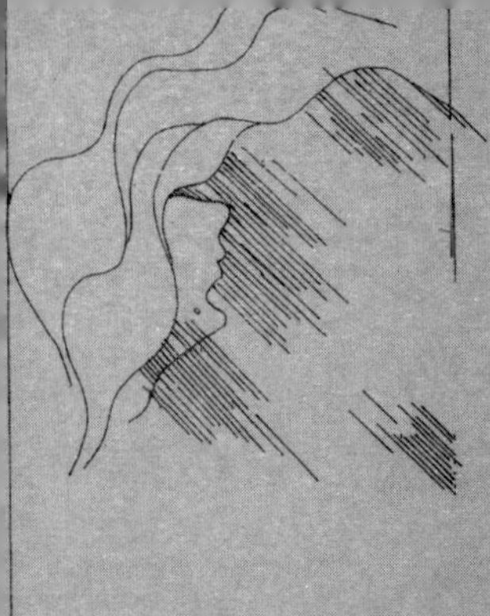

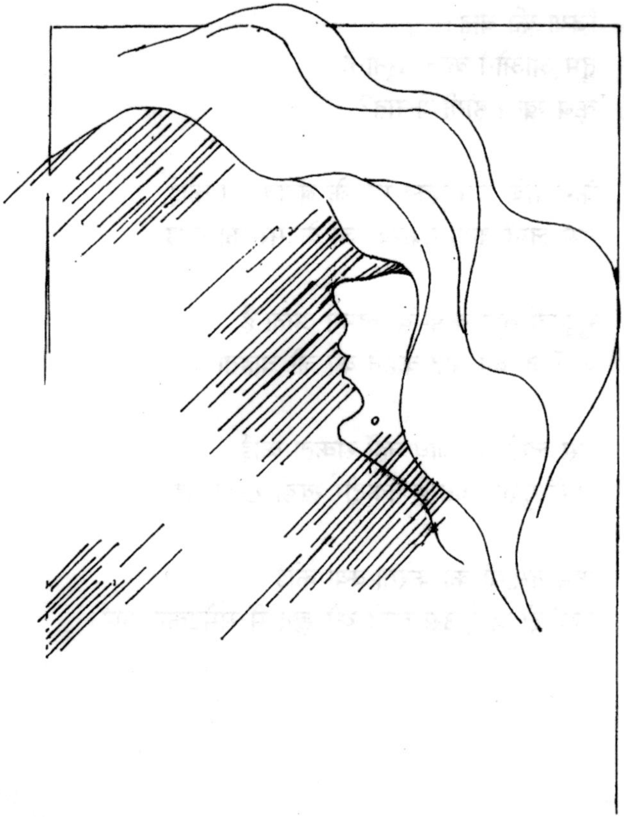

चाँद

चाँद भी तन्हा था आज
तारे चले गए न जाने किसकी बारात

तारों के साथ में चाँद भला लगता है इतराता सा
तारों के बिना तो आज वो भी लगा मुझको बस टिमटिमाता सा।

कतरा

उसने मुझे इतना रुलाया
कि फिर कोई रुला नहीं पाया
हादसे अब भी होते हैं दुनिया में
कभी कोई कतरा मेरी आँख में नहीं आया
सूखी आँखें तकती हैं रास्ता
आज भी पूछती हैं हर आने वाले को
क्या मेरे लिए कोई पैगाम आया?
या हवा का झोंका ही बता जाए कभी
तो कैसा है क्या उसे भी मेरा खयाल आया क्या?

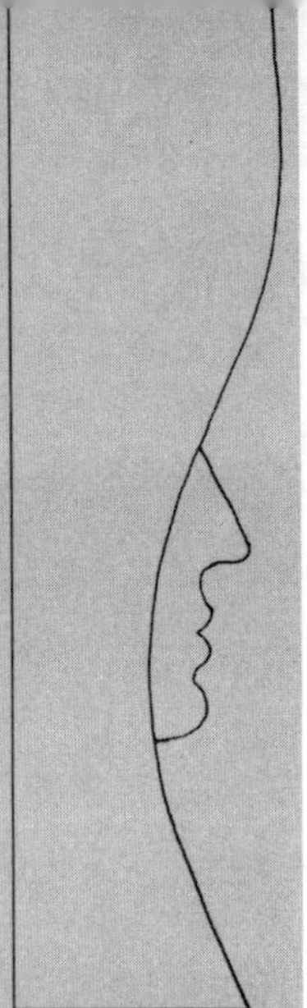

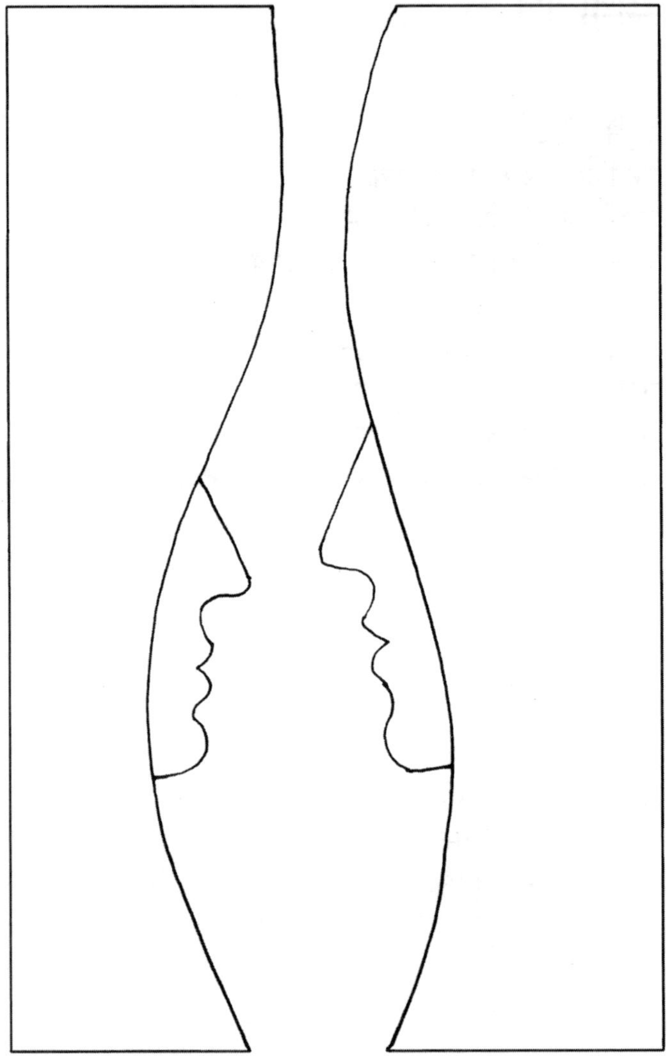

बत्ती गुल

कल रात अचानक बत्ती गुल हो गई
रोशनी लेने बाहर गई बाहर भी घोर अँधेरा था
न जाने मुझसे बिना पूछे बिना बताये अँधेरे का कुछ हिस्सा मेरे साथ आ गया
आ क्या गया मेरे मन में बस गया
कमरे में रोशनी लौट आई
मगर मन का अँधेरा जाने का नाम न ले
मन बेबस बेकल हो के कहता
मुझे छोड़ कुछ अक्ल से काम ले
मन एक नवजात की तरह हो गया न बोले न सुने
सर को एक कांधे की ज़रूरत थी
अँधेरे में आकार का आभास तो था
मगर नक्श नहीं दिखे
नवजात के हाथ में ताकत नहीं थी किसी एहसास को महसूस करने की
एक लम्हा मेरे सिरहाने अभी तक है वही बाँटना था पर फिर बात रह गई
अनकही
बस पूछना था कल रात तुम मेरे कमरे में आए थे क्या?
जानती हूँ तुम्हारे मुँह से सुनना था
एक ख़्वाब है जिसके धागे उलझ गए हैं
पूछ कर कुछ तुमसे फिर से सुलझाकर बुनना था
एक लम्हा था तुम्हारी आँखों में पलकों से उसे चुनना था
बस यही कहना था मुझे और तुम्हे सुनना था
पर ये हो न सका...

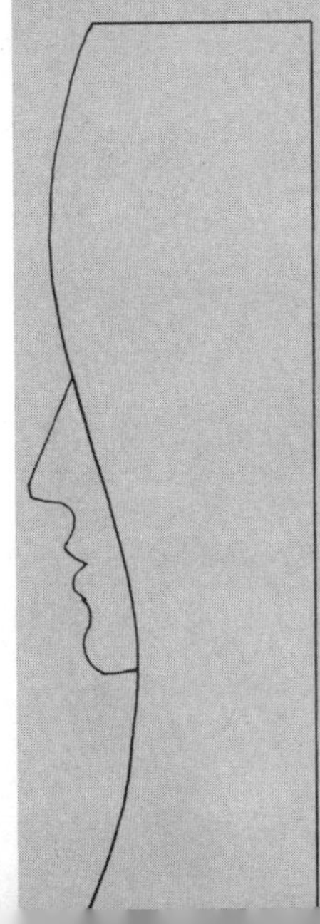

लापता

चाँद आज फिर लापता
सयाह से सयाह होती जा रही
रात इसकी क्या ख़ता?
न जाने तारों को भेजा था लाने को खबर चाँद की
लौटकर नहीं आए वो भी ये, माजरा क्या है?
या खुदा ये माजरा क्या है?

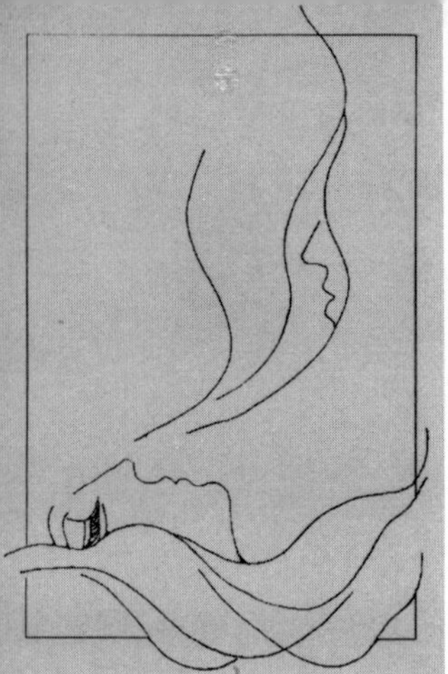

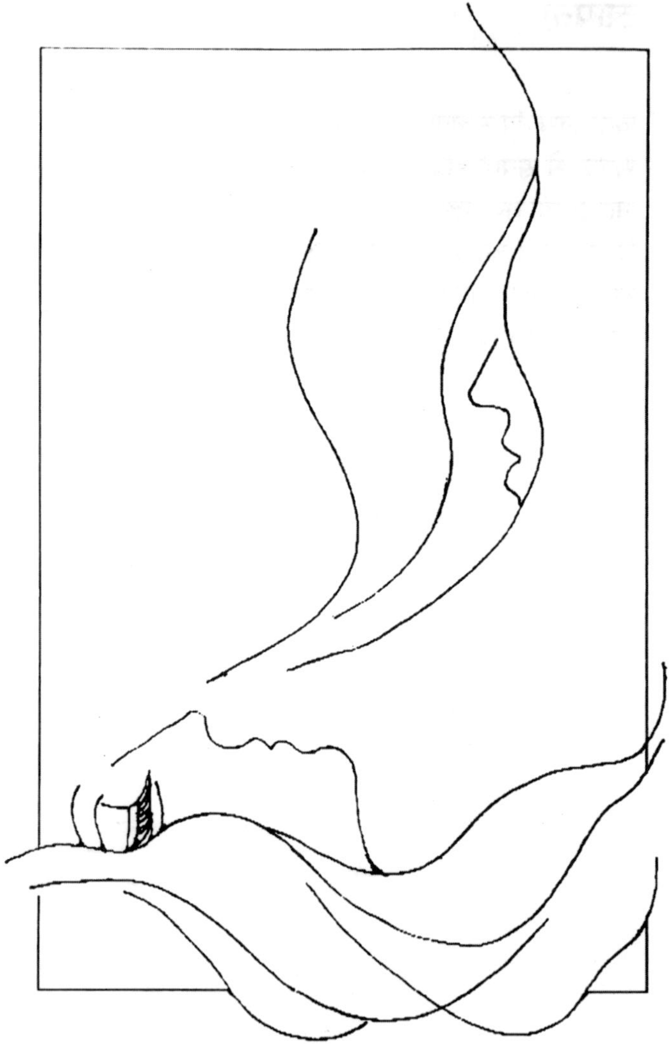

दुआ

किसी तसव्वुर से भी ख़ूबसूरत हो सकता है कोई एहसास।
मीलों की दूरी के बावजूद कोई हो सकता है इतना पास।
किसी बेगाने के लिए कोई हो सकता है इतना उदास।
किसी की हल्की मुस्कुराहट के लिए कोई माँगता है हर वक्त दुआ।
वो जगह आम है या है कोई खास।

बेकरारी

शाम हुई तो आ गया है कैसे शर्म से किए ख़ुद को लाल
जानता है मुझे अज़ल से उसे यूं देख तार तार हो जाता है मेरा अन्दर बाहर
न जाने कहाँ भटका है दिन भर आ गया है अब हो के शर्मसार
जैसे मैं बैठी हूँ बस करने इसी का इन्तज़ार
न जाने कौन से हक से ज़ोरी आ जाता है मेरे आगोश में
उड़ा देता है पल भर में मेरे होश ये
बेहोशी के आलम में रात न जाने कहाँ जाती है
सुबो होते ही मुझे अलसाई को छोड़ जाता है
बेवफा सनम की तरह फिर निकल जाता है
दिन भर ख़ुद को समझाती हूँ आज न खोलूँगी मैं द्वार
दिन ढलते ही आहट सुनते ही हो जाती हूँ मैं बेकरार।

पाजेब

पाँव में पड़ी पाजेब बहुत भाती है
उसकी भाषा कब किसी की समझ में आती है

समझते हैं पाँव में पड़ा ख़ूबसूरत सा गहना
क्या जाने पड़ता है किसे क्या सहना

दिखती है जो बारीक सी पाँव की ज़ंजीर
याद दिलाती है पल पल तूँ है इस आंगन की तकदीर

नाचूँ या गाऊँ रोऊँ या मुस्कुराऊँ
इल्तज़ा करती है बार बार इस आँगन को लाँघ कभी न जाऊँ।

इल्तज़ा

रात भर उसने मुझे तन्हा न होने दिया
आती रही किसके कदमों की आहट
यूँ पलकें तो मूँदी मगर सोने न दिया

रोशनी में तो अक्सर रोक लेते थे आँसू
मगर न जाने क्या था आज ऐसा कि
तेरी इल्तज़ाओं ने अँधेरे में भी रोने न दिया

न जाने कौन मेरे साथ-साथ चलता है
कैसा एहसास है
दूर हो के भी इतना कोई पास लगता है

ख़ुद को भूल कोई क्यों दुआ करता है?
क्या इस कायनात में ऐसा भी हुआ करता है?

आरोही

बरस बीत गए तूँ मेरे दिल में पलती रही
सुबह आती रही शाम ढलती रही
दिखाई देती नहीं तूँ किसी को भले
मेरे साथ साथ तूँ हमेशा चलती रही

मेरे आँगन में तूँ न खेली भले
मेरे दिल में हमेशा तूँ फलती रही
तेरी पाजेब छनकी, कभी चूड़ी खनकी
कभी मेहँदी महकी, कभी कलियाँ लहकी
तेरी धानी चुनर भी तो उड़ने लगी
विदा कर दिया तुझे बाबुल ने कई बरस पहले
चाहे शहनाई के लिए मैं तरसती रही...

शिकवा

न जाने ख़ुदा तेरी क्या है रज़ा
मेरे हिस्से में अभी है और कितनी सज़ा

जब मंज़िल नहीं है नसीब में मेरे
तो दिखाता है क्यूँ बेवजह रास्ता

नहीं सहा जाता मुझसे तेरा ये दर्द करम
किस तरह करूँ मिन्नत और दूँ किसका वास्ता

जब ज़ुबाँ देता है तो कोई सुनने वाला नहीं
होंठ सी लिए तो बता क्या सुनाऊँ दास्ताँ

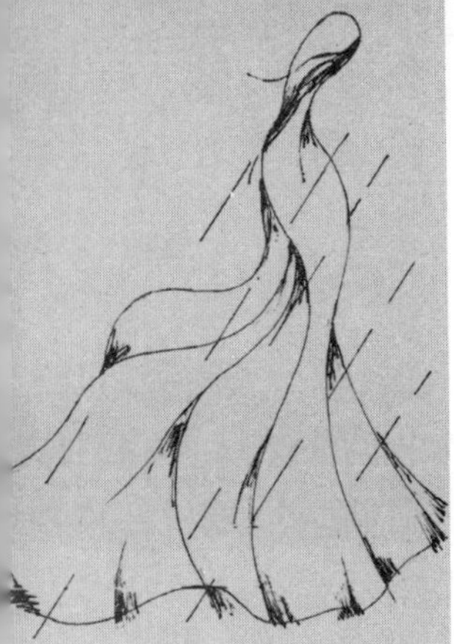

चार दिन

चार दिन की चांदनी फिर अँधेरी रात
मेरो लिए ख़ुदा को लगी ये भी बड़ी सौगात
इसके लिए भी छोटी पड़ी मेरी ये औकात।

पहले दिन हम मिले कुछ उम्मीदों के फूल खिले
दूजे दिन होने लगे ढेरों शिकवे गिले
पलट गया वो अपने इरादों से
मुँह फेर लिए एक आध किए वादों से।

तीजे दिन की तो क्या कहिए
क्या बयां कीजे बेहतर है चुप रहिए
जितने इल्जाम इस गरीब के हिस्से आए
उतने तो किताबों में न कभी किस्से आए
वो ख़ुद से परेशां मैं ख़ुद से शर्मिंदा हुई।

चौथे दिन वो मिले ये कहने को
उनके पास नहीं रहा कुछ भी अब कहने को
इससे ज़्यादा निभा नहीं पाएँगे
कोई मरे या जिए वो नहीं अब आएँगे।

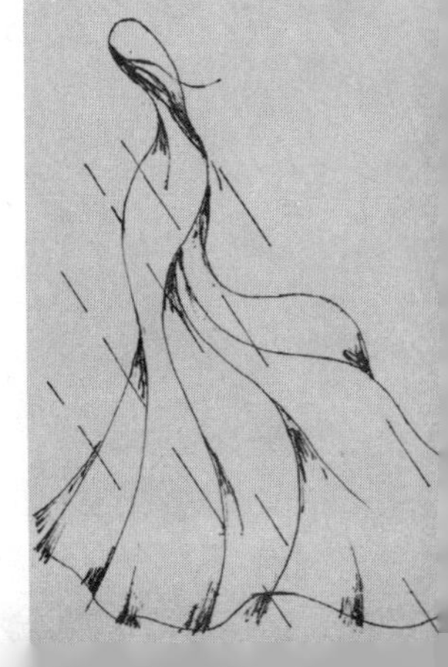

फिक्र

किसी से जिक्र नहीं करती
मगर फिक्र तो करती हूँ

वसल की उम्मीद पे ज़िन्दा
हिज्र की सूली चढती हूँ।

तुलसी

हैरान हूँ मैं ख़ुद, अपने आप से परेशान भी हूँ
जानती हूँ अपने जज़्बातों से जूझना है मुझे
कई रिश्तों के नसीब में घर नहीं होता माना मैंने
जन्मों से चौखट पे खड़ी हूँ मैं
खुद ही जैसे अपने खयालों में मैं झुलसी हूँ
शायद मैं खुद भी पिछले जन्म की तुलसी हूँ।

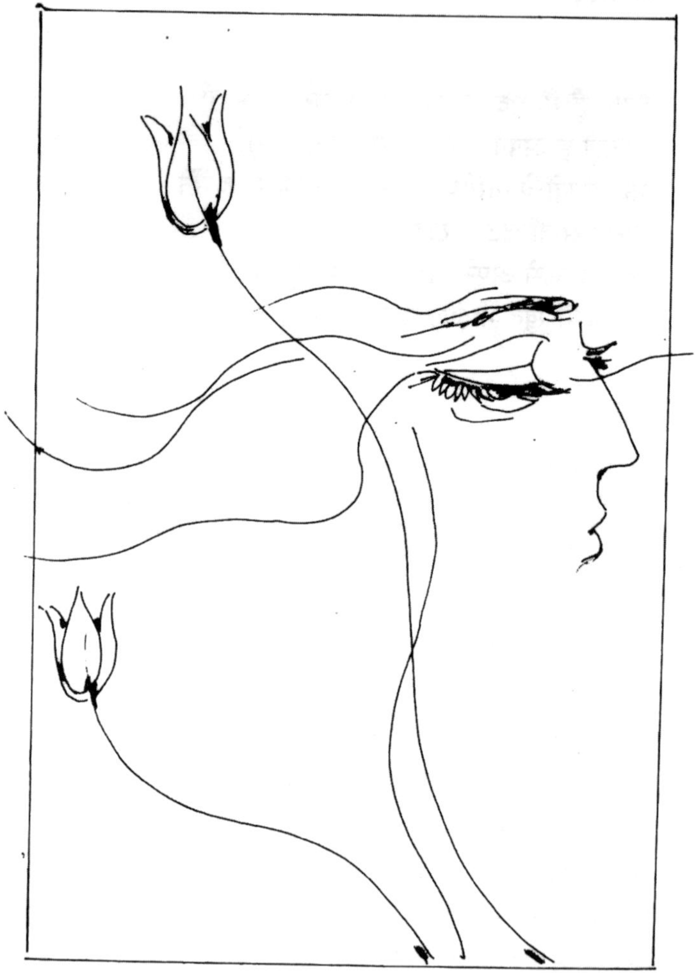

सफ़ीना

लोग सही कहते हैं
मैं बड़ी अजीब हूँ
रात भर सोती नहीं
थोड़ा जागती हूँ न जाने क्यूँ
अधूरे ख़्वाबों के पीछे भागती हूँ
कल क्या क्या करना है
सोचती रहती हूँ
कुत्ता क्यूँ भौंका है, उठ उठ के देखती हूँ
बच्चों के कमरे की बिजली जलती देख के घबराती हूँ
बार बार दरवाज़े पर खड़े बिना खटखटाए
लौट आती हूँ डरती हूँ सोये हुए तो उठ जाएँगे
अगर किसी से बतिया रहे हुए ता मुझपे चिल्लाएँगे
फिक्र-फिक्र में रात सुबह में बदल जाती है
सो नहीं पाती ये मेरा नसीब है
सच कहते हैं लोग सफ़ीना अजीब है
सुबह फिर दौड़ते भागते दफ़्तर आ जाती हूँ
कुछ अहसास मन में लिए कुछ आशाओं के दीये
फिर जलाती हूँ कहती कुछ और हूँ
अहसास कुछ और हैं
सच कहते हैं सफ़ीना अजीब हैं
कौन जाने किससे दूर और किसके क़रीब है

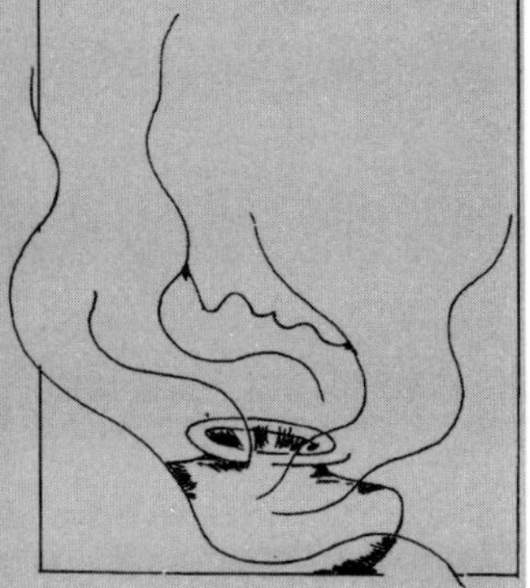

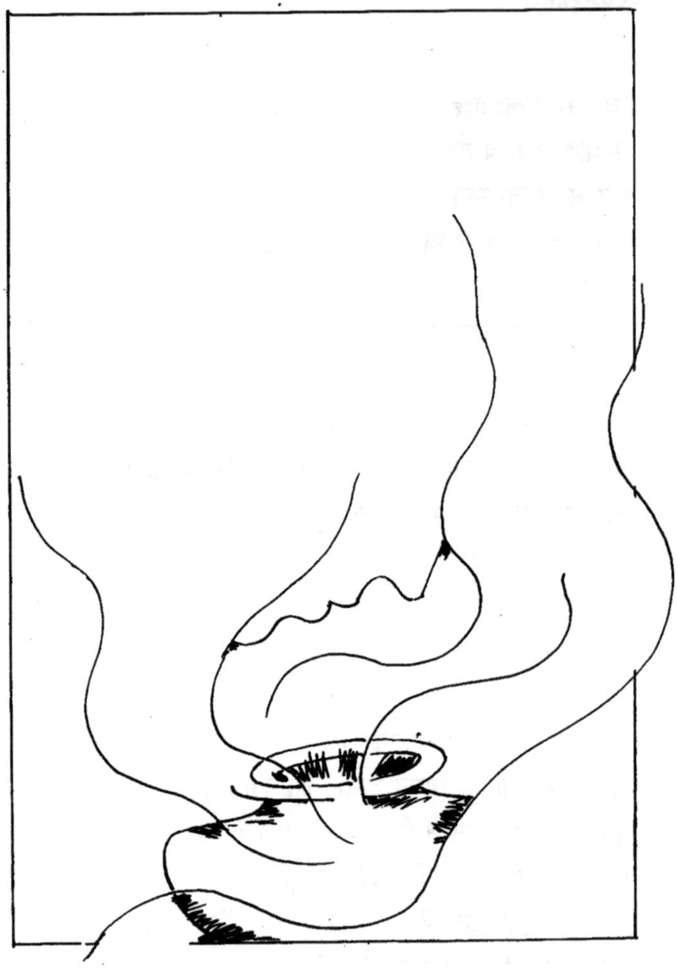

आलम

चाँद से मरहूम रात
आपकी याद और गालिब का साथ
कैसे न हो ज़ख्म हरे
कोई बेबस होके जान न दे दे तो
क्या करें?
कैसे रखें इस आलम से ख़ुद को परे।

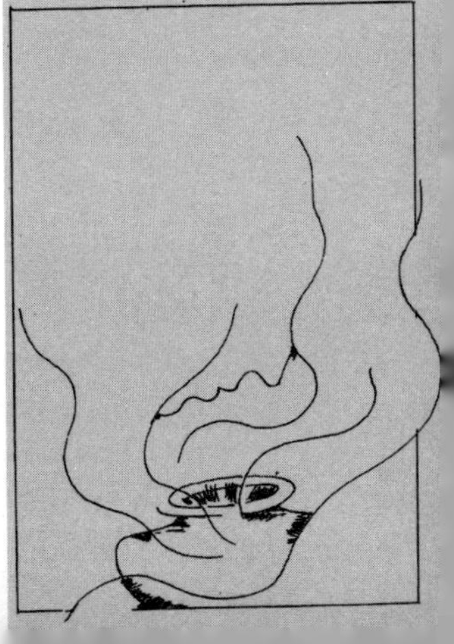

मुर्शिद

किसी से हो जाऊँ मुतासिर इस कद्र
रहे न फिर ख़ुद को ख़ुद की ख़बर
उसके बाद मिले चिता या कोई कब्र
फिर न कोई शिकवा न शिकायत होगी
न कोई ज़ोर न जोरी न कोई जब्र
बस रूह को हो सब्र सब्र बस सब्र

मझदार

ये सड़क उस मुल्क को जाती है
जहाँ मेरी दोस्त कभी रोती तो कभी मुस्कुराती है
ये ख्याल सहरा को भी गुलिस्तां बनाता है

ये वही मुल्क है जो कभी तेरे मेरे बुजुर्गों का सांझा था
यहीं पे कहीं कोई हीर तो कोई रांझा था
आज सरहद की दीवार है
हम इस पार वो उस पार हैं
पार है?
या सब के सब मझदार हैं।

लकीर

सरहद पे खिंची लकीर
देखते देखते न जाने कब मेरी आँखों से निकली
अशकों की लकीर रुखसारों पे आ गई
पर मेरे रुखसारों को तेरे ख्यालों ने हल्के थपथपाया
ज़रा सा सहलाया
मैं ज़हन में मुस्कुराई
और लकीर से निजात पाई
क्या होगा सरहद पे खिंची लकीर का?
अल्लाह, मौला की सिफत गाते फ़कीर का
कौन करेगा फैसला इस खिंची लकीर का
किसको आता है हुनर
ऐ दिल किसे आवाज़ दूँ

क़र्ज़

मैंने भी सोचा दो चार सपने ख़रीद लूँ
तन्हा तन्हा रहने से कोई उम्मीद से दोस्ती कर लूँ
जो भी मेरे पास था दे दिला के सपने ख़रीदे
जब घर लौटी तो पता लगा
मेरे साथी ने मेरी नींदें गिरवी रख दीं
अब सपनों को सहेज कर लपेट कर मखमली से अस्त्र में सँभाल दिया है

साँस-साँस दे कर नींदें छुड़ाने की कोशिश कर रही हूँ
चन्द बरसों में मुश्किल से ब्याज़ दे पाती हूँ
मेरी इस ज़िन्दगी में तो
हिसाब चुकता दिखाई नहीं देता

लम्हा

पढते रहते हैं न जाने कौन से ग्रंथ और वेद
दावा करते हैं इक दिन जानेंगे वो मन के भेद
लम्हा आया तो संदेश भेज दिया सुन न पायेंगे
उन्हे है इस बात का ख़ेद।

जैसे लम्हा इनके इन्तज़ार में रुक जाएगा
जब होगी उन्हे फुर्सत तो वो उनके कहने से गुज़र जाएगा।
हमारा मन किसी की चौखट पे खड़ा दरबान नहीं
मन का भेद है किसी और का किस्सा या दास्तान नहीं।

पछतावा

वे जो कहते हैं हम उन्हें भाने लगे।
कितनी शिद्दत से वो हमें चाहने लगे।
ख़्वाबों में भी हम उनके आने लगे।
आ आ के उन्हें हम सताने लगे।
कभी मीर, कभी गालिब, कभी हीर
वो अक्सर गुनगुनाने लगे।
मिले एक बार ऐसे क्या कहिए
मिलते ही तो पछताने लगे।
लगती थी बात जो कभी आज़ानों की सी
उन्हीं बातों से अब उकताने लगे।
खामियों की सूची बढती गई
इक इक करके वो अब गिनवाने लगे।

ज़मीं

मेरे दिल की ज़मीं हर वक़्त किसी जदोजहद में रहती है
वो अपने आसमाँ से कुछ नहीं कहती हैं
जानती है आसमाँ गरजेगा कड़केगा
मगर बरसेगा नहीं।
पर फिर भी उम्मीद का दामन नहीं छोड़ती
उम्मीद पे दिल की जमीं को सहलाती
है बहलाती है प्यार की बारिश
को तरसती है।
खुदया रहमी करम की बारिश कर
मेरे लिए तू खुद से खुद को सिफारिश कर।

किनारा

या ख़ुदा ये क्या है कि मेरी आँख से
इक कतरा पिघल के ढलका
तमाम रात टूट के पानी बरसा
क्या मुझसे ख़ता हुई कोई
रात न जाने क्या सोच के इतना रोई
पिछली रात कुछ न बोली मुझसे पहली बार
करती रही दिल ज़हन को मेरे वो तार-तार
समझ गई हूँ मैं कि उसे गवारा नहीं किसी से कुछ कहना मेरा
वक्त ने कर दिया फिर से इशारा मुझको
लौट चल अपने भँवर में ऐ दोस्त
वहीं रहना है तुझे नहीं मिलना किनारा तुझको

दोस्त

जो दोस्त बन कर आया था
शिद्त से गले लगाया था
वादा था उसका कि हर ज़ख्म
गले लगते ही भर जाएगा।

नहीं जानते थे हम कि वो हमारे पुराने ज़ख्म
को नई झालर लगाएगा और उसे बिल्कुल
नया तरो ताजा करके जाएगा।

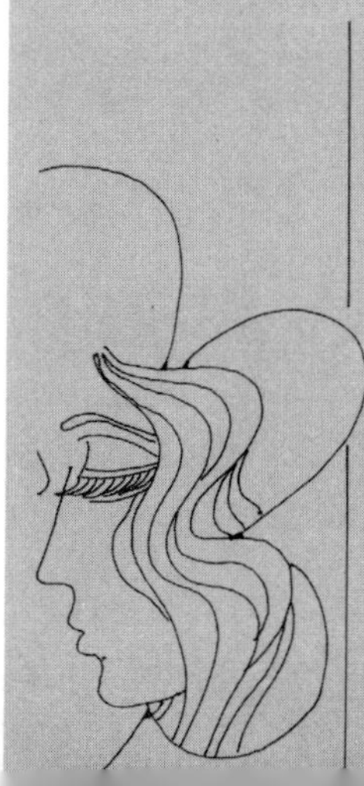

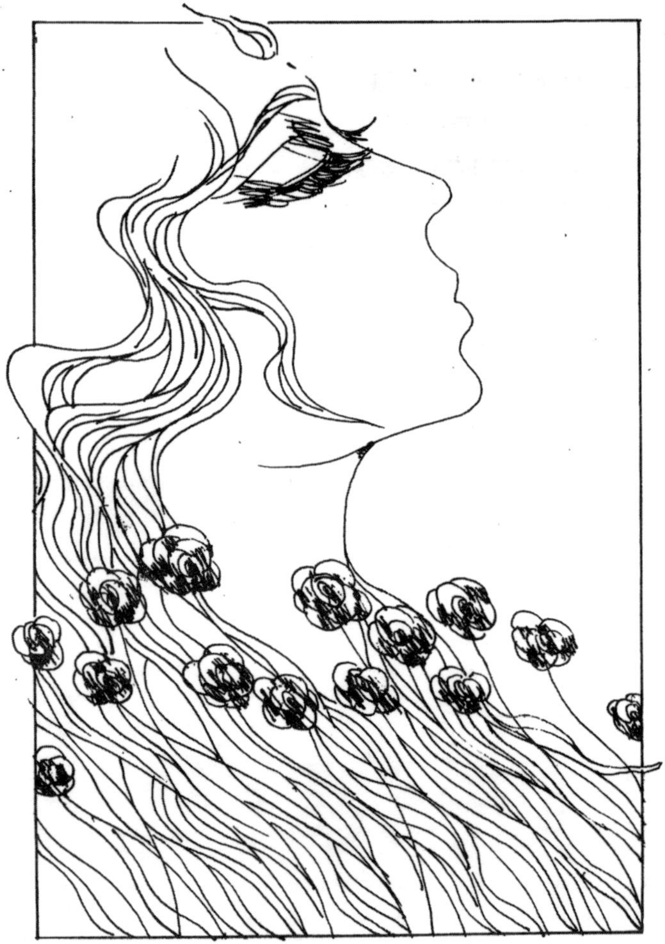

सौगात

इस रात में न जाने क्या बात है
नया ज़ख्म देती इससे हर मुलाकात है
तारों की चादर ओढ़े चाँद का टीका लगाये
लरज़ती लहकती दबे पाँव आये
धीरे धीरे मेरे हर दर्द को ये बेनकाब कर जाये
आना इसका तो लाज़मी है
आती है मेरे घर तो खाली न लौटाना जैसे
मेरा कर्म है।
सबको लोरियां दे के सुला के ये मेरे पास
ही टिक जाती है।
मेरी हर रात इसकी मेहमान नवाज़ी में निकल जाती है
रोज़ नया रंग चाहती है मुझसे
मैं भी तो मान जाती हूँ इसकी बात
कभी सिसकती आहें कभी भरी आँखें
देती हूँ इसको रोज़ नई सौगात।

सूरज

रोज़ जाता हूँ मजबूरी में नियम है निभाना है
लौट आता हूँ मिलने तुझे तेरे पास
भीड़ में तो बुझती नहीं मेरी प्यास
दिन गुज़र जाता है लोगों में बाँटते उजाले
शाम ढले तुझमें समाने चला आता हूँ
लोगों में देते लेते तुझपे कितने ज़ुल्म ढाता हूँ
तुझसे गुनाह बख़्शाने तेरे पास पनाह पाने
मैं रोज़ तेरे पहलू में चला आता हूँ।

सोच

मुझे कल का ख्याल सताता है
तूँ आज की सोच मुस्कुराता है
दोस्त है तो मुझे भी सिखा दे
वो हुनर जो तुझे बख़ूबी आता है।
जिद करता है मुझसे मेरे लिए
लड़ता है बच्चों सा मेरे लिए
कभी कहता है ढूँढ लूँ मैं दूजा
कभी कहता है तू ही इबादत तू ही है पूजा

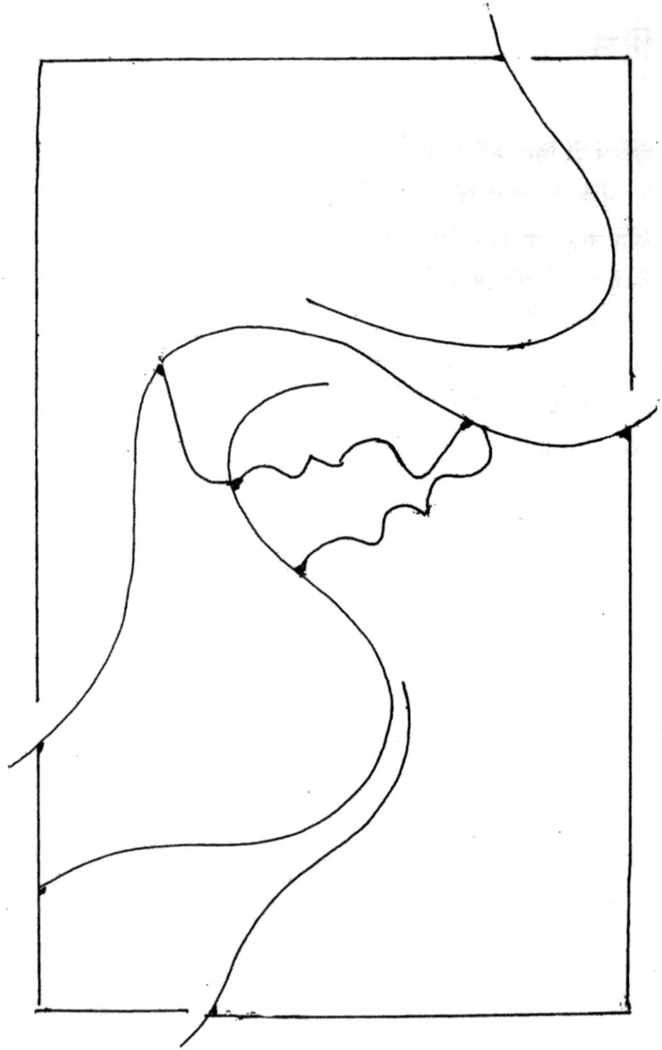

दिल

वसल में दिल दूरी से डरता है
दूर होने पे मिलने की दुआ करता है
क्या करूँ इस दिल का हाल अपने
जिसे चैन घड़ी भर नहीं मिलता है।

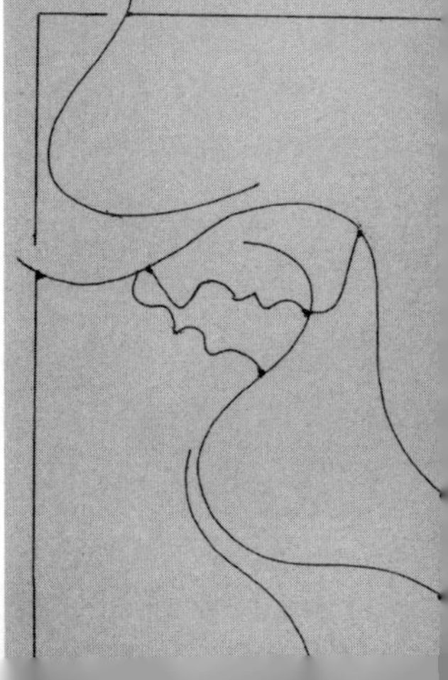

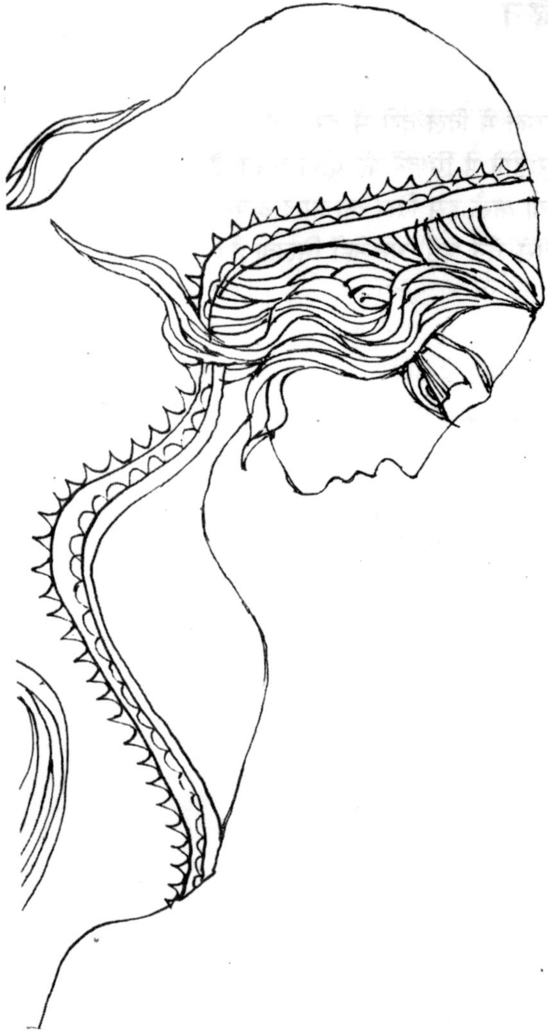

सब्र

मेरे अक्स ने मुझको झुठला दिया
मेरे ख़ुदा ने मुझको ठुकरा दिया

ज़माना जो संग चल रहा था मेरे
ये देख वो भी मुस्कुरा दिया।

सुनते आए थे अँधेरे में साया साथ छोड़ देता है
तूने सच कर उसे भी दिखा दिया।

आँसू रुके थे तेरे कांधे के लिए
तूने उन्हें भी बहने से बचा लिया।

उम्मीद जगी थी कुछ होगा तेरे आने के साथ
अब सब्र से ज़ीना भी सिखा दिया।

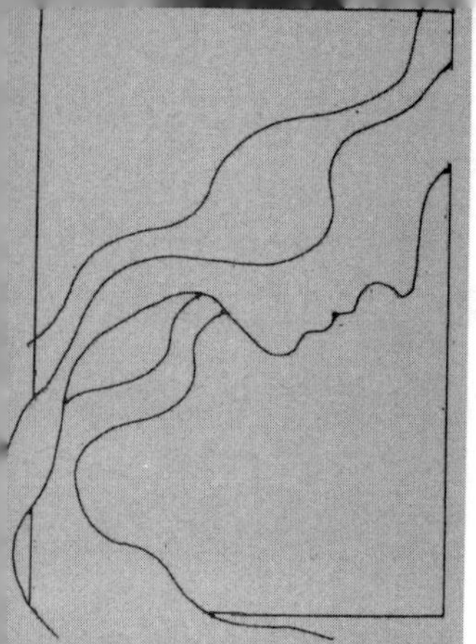

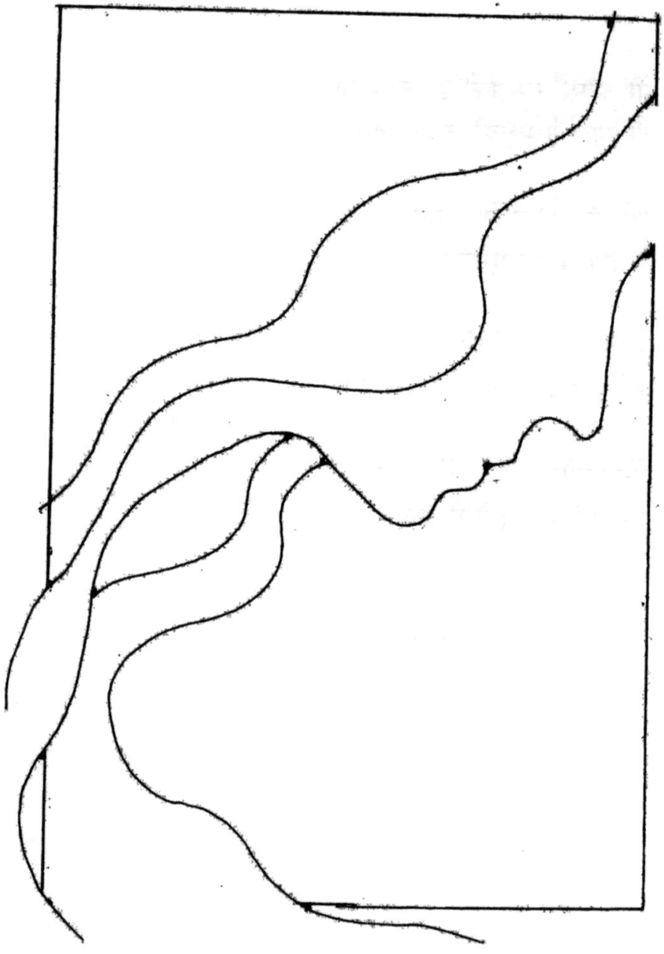

दिन रैन

नहीं कटते मेरे ये दिन
नहीं कटते हैं तेरे बिन।

दिल की किस से कह दूँ
मैं सब कुछ कैसे सह लूँ।

तूने किया है जो छल
तड़पाये मुझको पल पल।

तुझे आता है कैसे चैन
रहूँ जब मैं यूँ बेचैन
कटे कैसे ये दिन रैन।

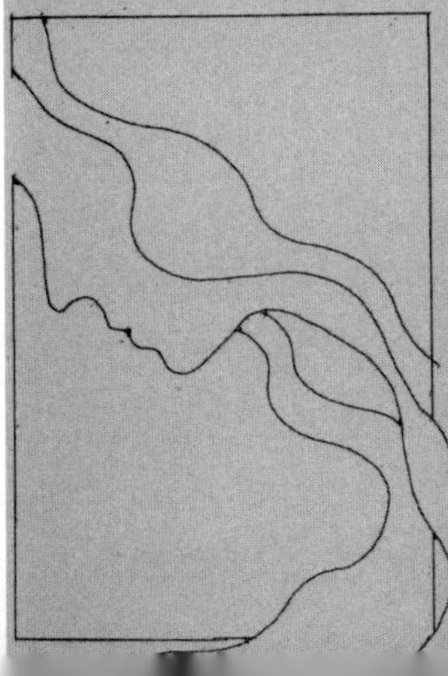

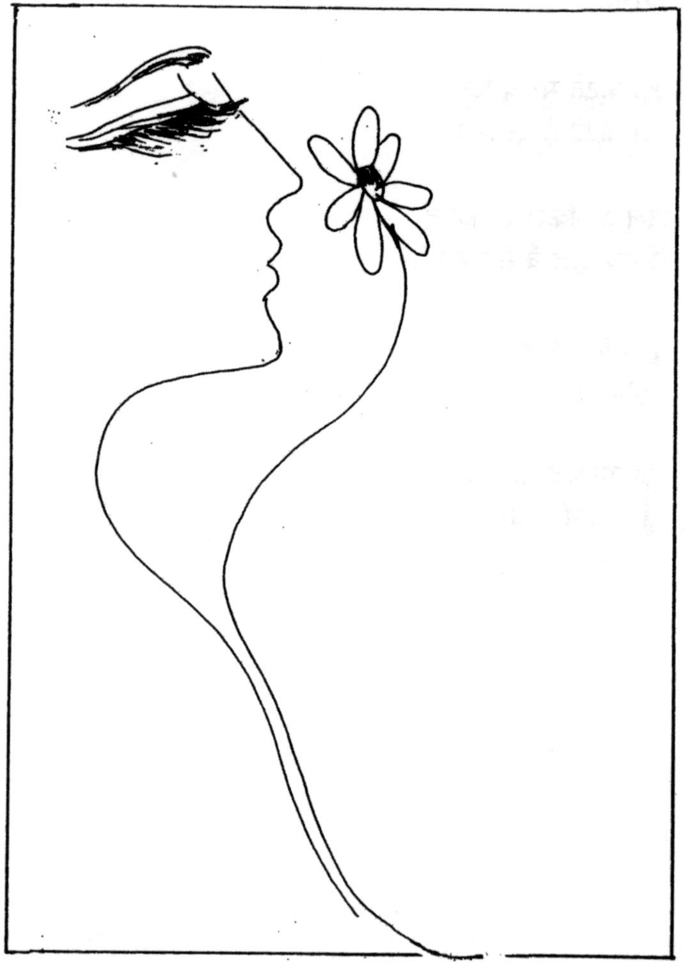

अर्ज़ी

जिसे मान बैठे हो तुम मेरा अहम
उसे जान लो वो है तुम्हारा वहम

ये सच है कि कई दिनों तक बात नहीं की
ख़ुदा गवाह है दिन गुज़रे हैं ज़िन्दगी नहीं जी।

हक़ीक़त है जो हम तुम्हें सुनाते हैं
अक़ीदत से हम ये रिश्ता निभाते हैं।

कबूल करो या न तुम्हारी मर्ज़ी
डाल दी है हमने अरमानों की अर्ज़ी।

ऐसी भी बातें होती हैं

ख़ुद से भी कहते कतराती हूँ, है ऐसी कुछ बातें
तन्हाई में गुज़रती हैं लम्हा दर लम्हा
अश्कबार हो वो रातें।

काश! बरसों जो दबा है दर्द मेरे अन्दर
उससे निजात पाऊँ मैं
कतरा कतरा नहीं मुक्कमल तेरी बाहों में पिघल जाऊँ मैं।

सर्द बातों से तो चेहरे ज़र्द होते हैं
आँख नम हो या न दिल में दर्द होते हैं।

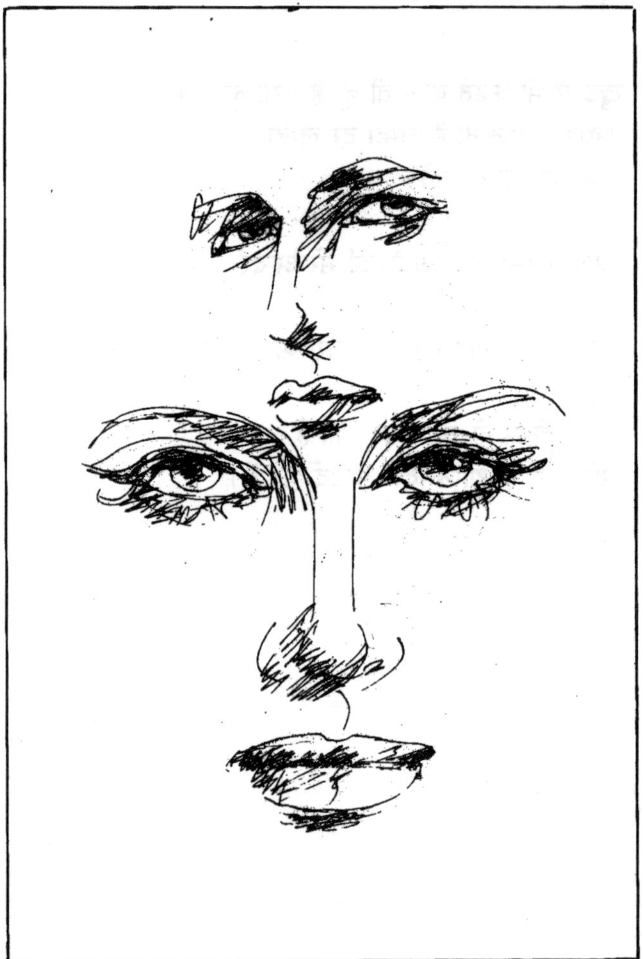

काँटा

इक दिन वो अचानक मिले मोड़ पे
तपाक से बोले कहो कहीं छोड़ दे।

कितनी बार आप हमें छोड़ेंगे
इक फक्त दिल है हमारा उसे बार-बार तोड़ेंगे।

कभी अपनाया होता तो छोड़ भी देते
दिल लगाया होता तो तोड़ भी देते।

हमने तो अनजाने में आपसे दर्द बाँटा
वही अहसास हर वक्त चुभता है बन के काँटा।

सोचा था हमारे दर्द को आपके दिल में पनाह मिली
सलूक आपके ने बताया कि नहीं
हमें इस संगीन गुनाह की सज़ा मिली।

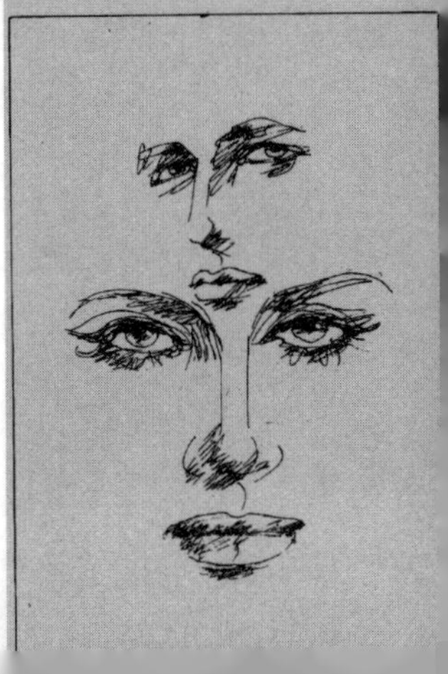

बेरंग

आज फिर लगा मैं पूरी नहीं अपंग हूँ।
मुझमें कोई रंग नहीं मैं बेरंग हूँ।
बेपनाह प्यार के इस चलन से दंग हूँ।
शायद दूसरों से नहीं ख़ुद से तंग हूँ।
मुझे ही आता नहीं कोई ढंग, सलीका।
इसलिए दुःख देता है हर नया तरीक़ा।

फसल

तेरे पाँव रखने से दिल की ज़मीं ज़रखेज़ हुई।
इस बार बंजर ज़मीं पर मोहब्बत की बारिश भी ख़ूब तेज़ हुई।
खिल उठे हम न दिखता था कोई सानी।
ज़रखेज़ ज़मीं उसपे बरसता पानी।
तेरी कही बातों से फसल भी भरपूर हुई।
मगर अफ़सोस ज़माने में इसका नहीं ख़रीददार कोई।
अरे छोड़ो इसे उठाने को न हुआ मुफ़्त में तैयार कोई।
सोचा है अब इसे जला कर खाक कर लूँ।
इस गुनाहगार दिल को ज़रा मैं भी पाक कर लूँ।

पहेली

ये कौन सा रूह का रिश्ता है।
जो मैं पलकों से चुनती हूँ।
कौन से ख़्वाब है जो दिन रात मैं बुनती हूँ।
सुलझा दो मसला बताओ क्या है ये ख़्वाब की पहेली।
भूल के सब बन जाओ कुछ देर मेरी सहेली।
जानूँ सुनूँ वो ख़्वाब जो तुमने देखा है।
ऐसी भी कौन सी ग़लत मेरे हाथ में रेखा है।

नासूर

ज़ख्म दिखते हैं तो दवाएँ भी काम आती हैं
जान लेते हो क्या दु:ख किसके हैं
रूह के ज़ख्म दिखते नहीं भरते भी नहीं हैं
ये वो नासूर है जो बस रिसते हैं।

तीसरे पहर

आँख खुल जाती है रोज़ मेरी तीसरे पहर
फिर आँखों आँखों मैंने सहर होती देखी है

कौल न सही ज़ुबाँ से तो कहा था तूने
कर दे बात को पूरी तो क्या होती तेरी हठी है।

मसीहा है तूँ नब्ज पकड़ के दुःख तो हर लेता है
क्या कभी रूह की तकलीफ़ महसूस कर के देखी है।

ख़ुद को कर ले पत्थर तूँ जितना चाहे
पत्थरों के बीच भी ज़िन्दगी बसती है ये हमने देखा है।